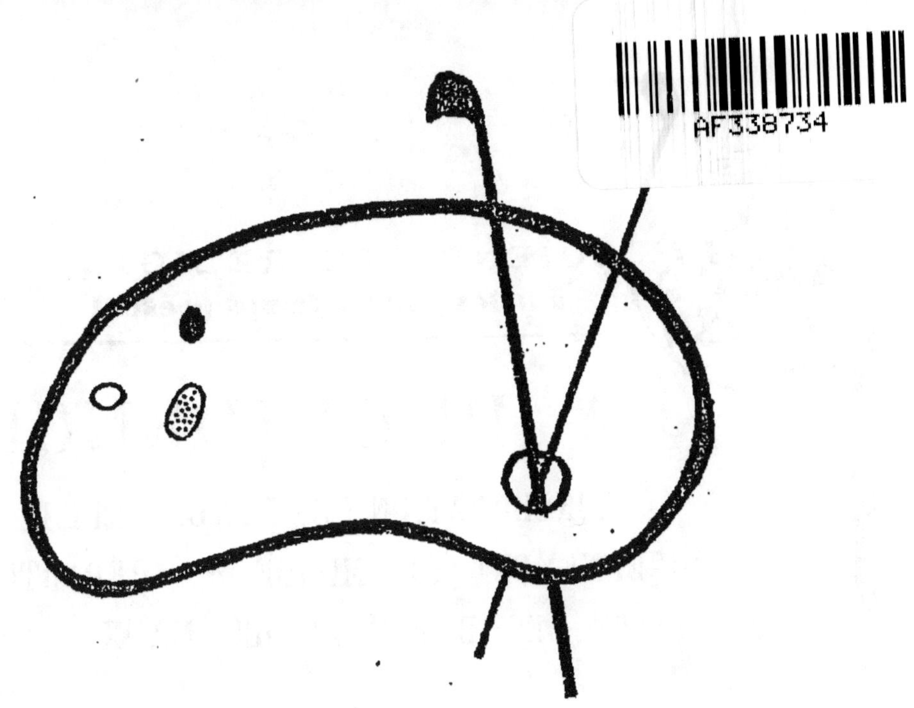

DEBUT D'UNE SERIE DE DOCUMENTS
EN COULEUR

SCIENCE ET RELIGION
Études pour le temps présent

LA PROVIDENCE

CONSERVATION DES ÊTRES CRÉÉS
GOUVERNEMENT DU MONDE — RÉPARTITION
DES BIENS ET DES MAUX

PAR

G. CONTESTIN
Chanoine titulaire de Nîmes

DEUXIÈME ÉDITION

PARIS
LIBRAIRIE BLOUD ET BARRAL
B. BLOUD, Successeur
4, RUE MADAME ET RUE DE RENNES, 59
1901

SCIENCE ET RELIGION

Études pour le temps présent. — Prix : 0 fr. 60 le vol.

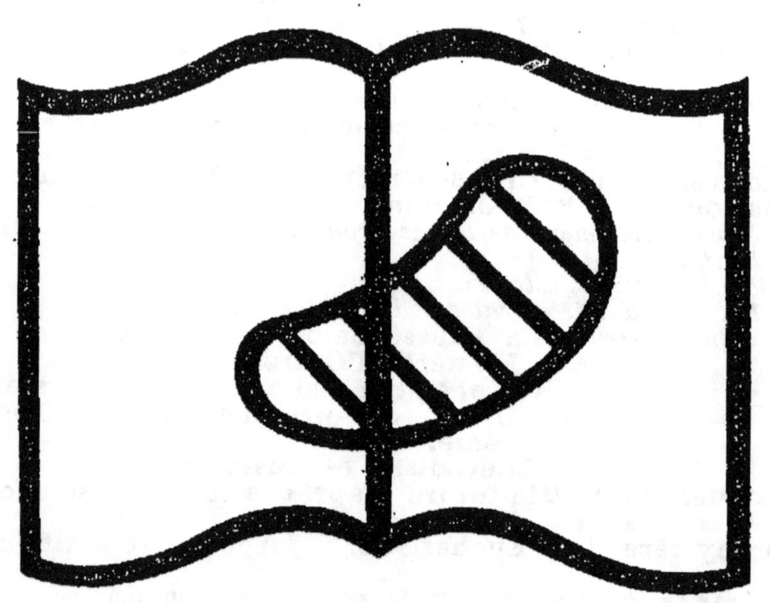

Illisibilité partielle

— **Le Levier d'Archimède ou la Mécanique céleste et le Céleste mécanicien**, p. le R. P. Ortolan. 2 vol.

— **Ce que le Christianisme a fait pour la femme**, par G. d'Azambuja. 1 vol.

— **L'Hypnotisme et la Stigmatisation**, par le Dr Imbert-Gourbeyre. 1 vol.

— **L'Education chrétienne de la Démocratie**, *essai d'apologétique sociale*, par Ch. Calippe. 1 vol.

— **La Religion catholique peut-elle être une science ?** par l'abbé G. Frémont. 1 vol.

— *Du même auteur :* **Que l'Orgueil de l'Esprit est le grand écueil de la Foi**, *Théodore Jouffroy, Lamennais, Ernest Renan*. 1 vol.

— **La Révélation devant la Raison**, par F. Verdier, supérieur de Grand Séminaire. 1 vol.

— **Confréries musulmanes.** — *Histoire, Discipline, Hiérarchie*. par le R. P. Petit. 1 vol.

— **Pratique de la Liberté de conscience dans nos Sociétés contemporaines**, par l'abbé Canet. 1 vol.

— **Comment peut finir l'Univers**, d'après la science, par C. de Kirwan. 1 vol.

— **Les Théories modernes de la Criminalité**, par le Docteur Delassus. 1 vol.

— **Faillite du Matérialisme**, par Pierre Courbet, 3 vol. *se vendant séparément ;*

I. — *Historique*. 1 vol.

II. — *Discussion ; l'atome et le mouvement*. 1 vol.

III. — *Discussion ; l'éther, le gaz, l'attraction. Conclusion. — Appendice*. 1 vol.

— **Le Globe terrestre**, par A. de Lapparent, Membre de l'Institut, professeur à l'Ecole libre des Hautes Etudes, 3 vol. *se vendant séparement*.

I. — *La Formation de l'écorce terrestre*. 1 vol.

II. — *La nature des mouvements de l'écorce terrestre*. 1 vol.

III. — *La Destinée de la terre ferme et la Durée des temps*. 1 vol.

— **De la Connaissance du Beau**, *sa définition, application de cette définition aux beautés de la nature*, par l'abbé Gaborit, archiprêtre de la Cathédrale de Nantes. 1 vol.

— **Le Diable dans l'Hypnotisme**, par le docteur Ch. Hélot. 1 vol.

— **De la Prospérité comparée des nations protestantes et des nations catholiques**, *au point de vue économique, moral, social*, par le R. P. Flamérion, S. J. 1 vol.

— **L'Art et la Morale**, par le P. Sertillanges, dominicain, docteur en théologie. 1 vol.

— **La Sorcellerie**, par I. Bertrand. 1 vol.

— **Qu'est-ce que l'Ecriture sainte ?** *Les Livres inspirés dans l'antiquité chrétienne : Théorie de l'inspiration*, p. le P. Th. Calmes. 1 vol.

— **Les Morts reviennent-ils ?** par I. Bertrand. 1 vol.

(Demander la liste **complète** *des volumes* **Science et Religion,** *parus à ce jour).*

ST-AMAND (CHER). — IMPRIMERIE DESTENAY, BUSSIÈRE

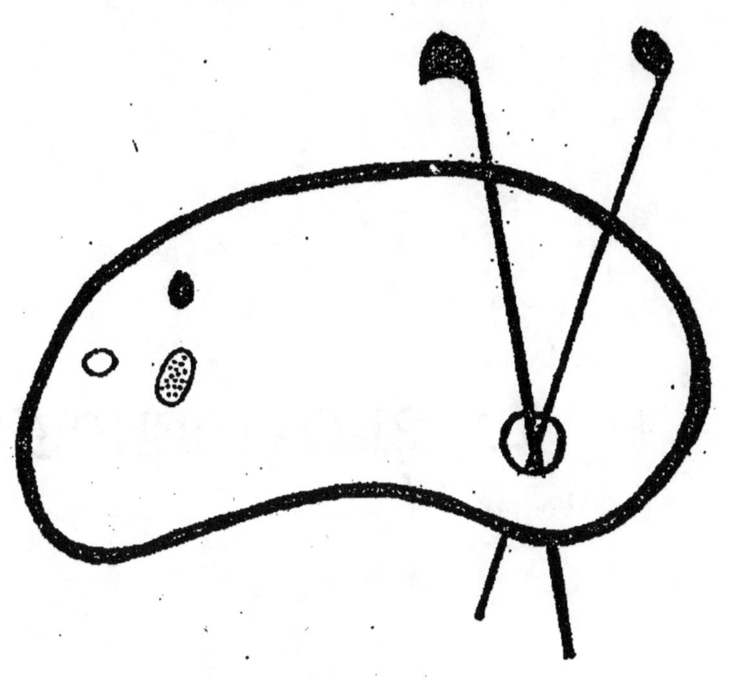

FIN D'UNE SERIE DE DOCUMENTS
EN COULEUR

LA PROVIDENCE

IMPRIMATUR

† FÉLIX,
Episcopus Nemausensis,

Die 15 februarii 1901.

SCIENCE ET RELIGION
Etudes pour le temps présent

LA PROVIDENCE

CONSERVATION DES ÊTRES CRÉÉS
GOUVERNEMENT DU MONDE — RÉPARTITION
DES BIENS ET DES MAUX

PAR

G. CONTESTIN
Chanoine titulaire de Nîmes

PARIS
LIBRAIRIE BLOUD ET BARRAL
B. BLOUD, Successeur
4, RUE MADAME ET RUE DE RENNES, 59
1901

INTRODUCTION

La création de l'univers suppose une première intervention de la Providence. Dieu ne pouvait pas, en effet, produire une œuvre de hasard, qu'il aurait lancée dans l'existence sans raison et sans but. Il prit conseil de sa Sagesse pour assurer la stabilité de nature aux êtres qu'il voulait créer et pour leur imposer ensuite un lien d'unité.

Nous devons nous conformer dans cette étude au sens restreint et parfaitement délimité que l'on donne pour l'ordinaire au mot Providence. Voilà pourquoi nous laisserons hors de notre sujet cette première intervention, et nous prendrons le monde tel qu'il se présente à la suite de l'acte créateur. La Providence interviendra seulement pour la conservation de l'œuvre déjà établie et pour son gouvernement à travers les siècles.

Observons d'abord que la créature ne peut pas trouver son terme final en elle-même, pas plus qu'elle ne possède en elle-même son principe d'existence. Dieu est le but suprême de l'univers. En créant les êtres qui le composent, il les a tous inclinés dans ce sens. Ils vont à lui comme à leur bien souverain. Toute déviation vers le mal constituerait un désordre dans le plan de Dieu et un désastre pour la condition d'existence des êtres créés.

Les créatures peuvent avoir à subir partiellement ce désastre. Mais la faute, qui est pour elles une déviation et un mal, détermine la peine qui est une réparation. Par conséquent, le plan du Créateur ne sera jamais troublé : le mal, sous quelque forme qu'il apparaisse, mal de la faute, mal de la peine, mal moral et mal physique, devra se plier aux desseins éternels de Dieu, et réaliser le bien, cela par raison d'ordre ou par voie de justice et de satisfaction. La faute, si elle se produit, verra surgir la punition comme une suite nécessaire. Ainsi, l'ordre se rétablira, complet et triomphant, par le mal de la peine qui est le vengeur de Dieu.

La réalisation du but que Dieu se propose demande comme condition l'acte providentiel de la conservation des êtres. Il n'appartient pas à la créature de se conserver elle-même dans son existence et dans l'activité qui lui est propre. Ce n'est pas non plus la créature qui peut veiller sur les combinaisons et sur les rapports des êtres créés pour en faire l'harmonie.

Par conséquent la Providence, qui est force de conservation, est aussi autorité et sagesse de gouvernement. Elle maintient les créatures dans leur existence et c'est elle encore qui se fait responsable de leur mouvement d'ensemble et de leur direction vers le but final.

Cette loi de gouvernement des êtres créés n'admet pas d'exception. Elle s'applique aux créatures inférieures et ne fléchit pas lorsqu'il est question de l'homme. Si la répartition des biens et des maux, que l'on pose volontiers en objection, présente des difficultés, elle trouve cependant son explication satisfaisante dans l'examen complet de l'action providentielle de Dieu sur le monde.

La question de la Providence se renferme dans ces trois points : conservation des êtres créés, gouvernement du monde, enfin, et par forme d'objection à la seconde partie, problème de la répartition des biens et des maux dans l'humanité. La conservation, qui se présente comme une loi de stabilité, est en quelque manière la continuation ou l'extension de l'acte créateur ; le gouvernement du monde apparaît comme la mise en œuvre et la réalisation des desseins de Dieu. La répartition des biens et des maux est une des conditions de ce gouvernement qui est, par excellence, justice et sagesse. Les controverses, qu'on ne cesse de soulever à ce sujet, imposent la nécessité d'en faire une étude détaillée. L'homme de péché porte le joug de Dieu avec impatience : il voudrait prendre motif de ce qui lui semble manquer d'équilibre dans les événements de ce monde pour incriminer les actes de la divine Providence.

LA PROVIDENCE

CHAPITRE PREMIER

LA CONSERVATION DES ÊTRES CRÉÉS

I. — Pour expliquer la conservation et la durée des êtres de ce monde, certains philosophes ont supposé une répétition sans cesse reprise de l'acte créateur. C'est leur manière de comprendre le mot célèbre qui fait de la Providence une création continuée.

Ils prétendent opposer ainsi une réponse triomphante à l'hypothèse non moins erronée selon laquelle Dieu interviendrait un instant par son acte créateur et laisserait ensuite le monde veiller lui-même à sa propre conservation.

Pourquoi limiter de la sorte les conséquences directes et positives de l'acte créateur ? Il est certain que la puissance qui a créé le monde peut seule aussi lui assurer la durée. Mais, de la part de Dieu, le même acte est, pour les créatures, le principe de l'existence et de la durée. Leur apparition à l'existence ne va pas sans une certaine durée, et leur durée, serait-elle plus longue encore, n'est que l'existence maintenue et continuée.

Dieu, disons-nous, soutient les êtres par la même puissance et par le même acte qui a déterminé leur création. Toutes les créatures sont l'objet de cette assistance souveraine qui ne s'arrête pas. Nous devons observer cependant que chacune reçoit l'assistance de Dieu dans les conditions qui répondent à sa nature particulière, les êtres d'un jour, pour le temps de leur existence éphémère, les substances spirituelles, pour une durée qui n'aura pas de fin.

Il convient de remarquer encore que les dons de Dieu ne s'appliquent pas sans raison et sans discernement aux diverses créatures. Celles qui ont peu reçu dans l'origine, sont celles-là encore qui reçoivent peu dans la continuation de leur existence. Il n'est donné beaucoup, dans l'ordre de la conservation, qu'à celles qui au jour de leur création ont beaucoup reçu. En un mot, les conditions de l'acte créateur sont continuées par l'action de la Providence. L'ordre n'est pas changé, les dispositions restent les mêmes : le monde se continue par l'action conservatrice de Dieu, tel qu'il a été établi dans le principe.

On a désigné cette conservation, qui s'étend sans exception à tous les êtres créés, à leur nature et à leur durée, sous le nom de conservation directe ou *positive*. Elle suffit pour la protection des substances immatérielles qui sont l'âme de l'homme et les purs esprits, les anges et les démons. Dieu n'a pas, en effet, à les garantir contre les causes de décomposition qui viendraient de leur propre nature ou de l'action dissolvante des agents extérieurs. Les causes secondes ne peuvent rien contre elles, et leur nature simple les préserve de toute décomposition. La Providence les conserve dans l'intégrité de leur nature et leur assure par cela même la permanence de vie qui est pour elles l'immortalité.

Il n'en est pas de même pour les créatures inférieures qui sont exposées à une double cause de destruction. Que ces créatures soient inertes ou qu'elles possèdent la vie, elles ont à subir, à tout instant, le choc d'autres créatures qui les altèrent, les désorganisent, modifient profondément leur état et parviennent à les détruire. C'est ainsi que va le monde pour ces créatures d'ordre inférieur, avec des alternatives incessantes de vie et de mort, de décomposition et de reconstitution.

Il est vrai aussi que leur nature particulière se prête à ce mouvement, et en quelque manière le provoque. Si elles succombent à l'action des causes extérieures, c'est parce qu'elles n'ont pas été créées pour la stabilité d'existence et pour la permanence. Les éléments qui les constituent tendent par eux-mêmes à se désagréger. La vie, dans ces êtres, cherche incessamment la mort ; les substances composées appellent la simplicité de substance qui ne peut s'obtenir que par leur dissolution.

Comment s'exercera l'action de la Providence à leur égard ? D'abord d'une manière positive et directe, comme nous l'avons affirmé pour tous les êtres créés, en leur assurant la stabilité de nature ; elle interviendra en second lieu de cette manière que l'on appelle indirecte et qui n'est pas moins positive, en éloignant d'elles, pour un temps plus ou moins prolongé, les causes de désorganisation ou de désagrégation.

II. — Les moyens employés par la Providence pour accomplir son œuvre de conservation, doivent varier selon les diversités de nature et d'espèce que présentent ces créatures. Dans les plus parfaites, qui occupent aussi le rang le plus élevé, la force de cohésion et d'unité s'exerce par l'intermédiaire du principe de vie qui rassemble autour de lui et conserve sous son empire, les éléments matériels souvent les plus hétérogènes. Il les dispose, détermine pour eux une forme spécifique, les équilibre, les organise et leur impose le mouvement qui est la vie.

Il se produit alors, pour cet être qui vient de faire dans le monde son affirmation d'existence, un phénomène qui d'abord peut paraître étrange. Le milieu dans lequel il se trouve répond à ses convenances. Il lui serait naturel d'y puiser sans effort les éléments qui peuvent le conserver dans la vie. Les êtres qui l'entourent sont des semblables ou des analogues qui n'ont pas sur lui des droits de domination ; pour la plupart même ce sont des éléments identiques aux éléments qui composent son organisme. Il semble que tous ces êtres devraient vivre en paix, se soutenir mutuellement, au besoin s'entr'aider. C'est le contraire qui arrive.

Il se fait contre l'être qui apparaît une poussée universelle. Les natures inertes aussi bien que les êtres vivants se montrent jaloux de ce nouveau venu et s'industrient à l'attaquer. Il est pris, s'il est plante, par l'humidité comme par la chaleur, par la terre qui veut l'emprisonner comme par l'air qui l'oppresse de son poids. S'il est animal, il devra subir encore les attaques des autres animaux qui viennent vers lui pour le combattre.

Sa force de résistance est limitée ; elle va s'affaiblissant d'une manière progressive sous la pression d'une cause qu'il porte en lui-même. En effet, pour tout être vivant, l'action de vivre ne se produit qu'au préjudice des organes qui en éprouvent de la fatigue, épuisent peu à peu leur activité, s'altèrent et deviennent incapables de continuer leurs fonctions.

La mort, l'inertie et par suite la décomposition ne tarderaient pas, si l'imminence du danger ne provoquait dans l'être vivant une réaction vigoureuse qui est pour quelque temps son salut. Il est attaqué : pour se protéger, il se fait lui-même assaillant. Dès lors, par une disposition admirable de la Providence, tout ce qui était pour lui une menace d'affaiblissement et de mort, devient principe de développement et de force. Il va faire campagne à son tour et il vivra des dépouilles de l'ennemi.

Quels que soient les noms par lesquels nous traduisons ses besoins intimes, il est vrai de dire que l'être vivant a faim et soif : il a besoin de se nourrir ; il lui faut encore de l'air respirable et une certaine humidité. Vous le verrez s'industrier à la recherche des éléments qui lui sont indispensables : il les absorbera de diverses manières, s'en nourrira et les changera en sa propre substance. Ces éléments pris au dehors, ce seront les corps purement physiques et encore les corps organisés qui ont eux-mêmes possédé la vie, les plantes et les animaux. Il détruit autour de lui, et veille de la sorte à sa propre restauration. Ses organes se raffermissent, prennent de la vigueur et se préparent à des conquêtes nouvelles, car la lutte se continue, toujours laborieuse, aussi longue que l'existence.

Tuer, détruire et absorber pour reprendre force, telle est donc la loi d'existence pour les êtres vivants. La conservation de leur organisme est à ce prix. Ils sont tous condamnés à ce travail incessant qui est pour chacun le moyen nécessaire de la durée, durée éphémère ou prolongée selon les espèces et aussi selon les incidents de la lutte.

III. — Si nous descendons aux créatures privées de vie, nous constaterons des moyens de conservation différents, mais qui ne sont pas sans analogie avec les lois par lesquelles sont gouvernés les êtres vivants. Nous ne trouvons pas, dans cet ordre inférieur, le principe vital que nous avons reconnu comme la force d'organisation et d'individualité. L'être physique, considéré au point de vue de sa réalité matérielle, ne peut posséder qu'une unité factice, soit dans les corps premiers soit dans les corps composés. Mais son unité de nature a des bases plus solides.

Deux corps juxtaposés ou physiquement mélangés ne forment pas unité proprement dite. Mais, si des affinités intimes les portent l'un vers l'autre, nous sortons du domaine de la juxtaposition et du simple mélange pour entrer dans celui de la synthèse chimique. Les deux corps primitifs perdent l'un et l'autre leur nature propre, ils disparaissent, pour céder la place à un corps de nature et de propriétés spéciales qui résulte de la combinaison des deux premiers.

Nous savons que ces composés binaires, partout où ils apparaissent, sont parfaitement harmonisés. Ils ne se forment pas au hasard des mélanges, indifférents aux proportions fournies par l'un et par l'autre des composants. Dans le creuset du chimiste règne une puissance impérieuse que l'on peut, si cela plaît, nommer occulte, mais qui fait respecter partout son empire. Elle admet, de la part des composants, telle ou telle proportion, et, sans se départir jamais d'une règle invariable, elle rejette impitoyablement ce qui est en excès. La nature livrée à elle-même est inaccessible à la fraude et ne se laisse pas surprendre. Elle a des lois précises et constantes pour les proportions des composants dans l'évolution qui suscite le composé, pour la forme et la disposition des cristaux, pour les propriétés et les conditions d'état que peut présenter un même corps.

Il se produit par rapport aux corps physiques des phénomènes analogues à ceux que nous avons déjà observés dans les végétaux et dans les animaux. Nous disons analogues et non pas semblables, car nous allons voir que leurs causes et leurs modes d'évolution sont tout à fait différents.

Les corps physiques comme l'être vivant, nous l'entendons ici des corps composés, sont soumis à un double mouvement de constitution et de décomposition, de synthèse et d'analyse, qui est en quelque manière pour eux la naissance et la mort. Tantôt l'attrait naturel des éléments les uns pour les autres est favorisé par les agents extérieurs qui les mettent en contact et les disposent dans les conditions propres à la composition : il en résulte la naissance d'un corps nouveau qui par lui-même se conserve stable ; tantôt les circonstances extérieures changent, les forces du dehors battent en brèche le corps composé et le détruisent en déterminant la dissolution de ses éléments.

L'homme de science, par ses manipulations chimiques, ne produit en ce point rien d'anormal. Il favorise l'action de la nature et ne la violente pas. Il observe les mouvements naturels, saisit leurs conditions, constate leurs lois, et fait se produire, à son commandement, des phénomènes dont il n'est, en dernière analyse, que la cause occasionnelle et purement accidentelle. Les rapprochements, qui dans la nature, résultent du hasard des circonstances, le savant les provoque à sa volonté et mesure leurs conditions ; il impose la mise en scène et laisse ensuite agir la nature qui, selon le cas, rassemble ou dissout, compose ou décompose, fait surgir le composé ou isole les éléments.

Nous devons dire par conséquent que l'œuvre de l'homme n'introduit pas un élément nouveau dans la question de la conservation ou de la destruction des corps matériels. Elle entre comme partie, presque négligeable, dans le grand mouvement qui entraîne les êtres, les fait se choquer les uns contre les autres et détermine ainsi la variété des phénomènes naturels.

IV. — Il nous reste cependant à parler de l'homme considéré comme faisant lui-même partie de l'univers et soumis par la nature de son corps aux vicissitudes des êtres matériels. C'est à dessein que nous le faisons intervenir en dernier lieu. Nous avons, en effet, élucidé déjà, en parlant des autres êtres vivants, des plantes et des animaux, et en traitant des corps inorganiques, une partie des questions qui peuvent aussi se rapporter à l'homme.

Si nous n'avions à considérer que son corps, isolé et inerte, nous verrions se produire pour lui le phénomène de dissolution qui apparaît dans les êtres purement physiques ; si nous voulions porter notre examen sur le corps organisé et vivant, en faisant abstraction de la nature substantielle de l'âme, nous retrouverions, comme nous l'avons constaté pour les êtres vivants privés d'intelligence, la force de vie qui domine les éléments matériels, les réunit dans l'unité et lutte d'énergie pour maintenir l'intégrité de l'organisme. Mais, nous sommes en présence d'un principe de vie qui est l'âme spirituelle et indestructible. Conservée elle-même par Dieu, elle est principe de conservation pour le corps qu'elle anime.

Avant le péché originel, l'âme soumise à Dieu trouvait, par une faveur spéciale, au-dessous d'elle, dans les puissances du corps, une soumission complète qui lui permettait d'étendre indéfiniment sa force de protection sur les organes. La parfaite harmonie de l'âme et du corps échappait à l'action dissolvante des causes secondes : l'organisme se maintenait dans son intégrité, et la mort n'existait pas pour cet être privilégié.

Lorsque le péché est intervenu, la grâce surnaturelle de préservation a été retirée, et le corps de l'homme s'est trouvé soumis, par punition, aux nécessités de sa nature matérielle. C'est encore de l'âme qu'il reçoit la vie, mais il doit subir le sort des autres corps vivants. Non seulement la nourriture, désormais une nourriture vulgaire, lui est indispensable pour réparer ses forces, mais il se trouve en lutte incessante avec les éléments extérieurs qui l'atteignent de mille manières, entament ses organes et finissent par les amener à cet état d'affaiblissement ou d'altération qui rend impossibles les fonctions de la vie. Il en résulte la mort de l'individu. La séparation se fait alors complète entre les deux éléments du composé humain : l'âme reste subsistante dans son isolement pénible, le corps s'en va de son côté à la dissolution du tombeau. L'un et l'autre attendent la reconstitution promise par Dieu et que déterminera un jour la résurrection.

V. — L'action providentielle de Dieu s'exerce

donc de deux manières par rapport aux créatures matérielles. On le voit par l'exposé que nous venons de faire. Elle s'exerce directement en soutenant dans leur existence naturelle et dans l'activité de leurs fonctions les éléments qui sont pour un corps quelconque ses principes d'intégrité. Nous avons montré qu'elle s'exerce encore, mais indirectement et selon le mode de conservation que l'on peut dire accidentelle, par le ministère des causes secondes, soit en favorisant leur évolution, soit en écartant les forces qui pourraient les détruire.

La conservation directe s'étend d'une manière générale et sans possibilité d'exception sur la nature des êtres matériels. Il faut entendre l'immutabilité qui est ainsi assurée à l'être matériel, dans le sens le plus complet, et l'appliquer à tout ce qui concerne sa nature constitutive. Un être ne peut pas subir la privation du moindre élément qui lui est essentiel, et conserver cependant la raison de son être. Cette loi des êtres matériels ne borne pas son application aux éléments simples et premiers, elle s'applique nécessairement à tout corps, à tout être constitué et distinct, aux corps simples et aux corps composés, aux créatures inertes et aux corps doués de vie.

L'intervention des causes secondes est absolument exclue de cette action qui appartient en propre à l'œuvre directe de la Providence. Dieu seul, qui est l'auteur des natures, peut leur donner par son assistance incessante la continuation de l'être et assurer leur conservation.

Il faut étendre aux propriétés essentielles l'acte providentiel de conservation qui s'applique à la substance des êtres. C'est ainsi que la constatation des propriétés nous fait conclure la nature de l'être, et que l'affirmation de l'être nous permet d'en déterminer les propriétés.

Telle est la condition des êtres matériels sous l'action directe et positive de la Providence qui préserve leur nature de toute variation essentielle. Ces êtres sont aujourd'hui, au moins dans les conditions de genres et d'espèces, ce qu'ils étaient au commencement de toutes choses. Ils ne sortent pas de leur stabilité fondamentale et fournissent aux sciences expérimentales la base inébranlable de l'induction qui en appelle à la constance des lois de la nature.

VI. — Si nous considérons les êtres de ce monde, non plus dans leur nature, ce qui est essentiellement métaphysique, mais dans la réalité de leur existence, les conditions de leur conservation ne.sont pas les mêmes. Il est évident que l'œuvre du Maître souverain n'est pas en danger parce qu'elle comptera une individualité en plus ou en moins, ou encore parce que l'être créé aura changé de forme, qu'il apparaîtra dans la simplicité de ses éléments après avoir quitté la forme composée qui lui venait de son union substantielle avec des éléments étrangers. L'harmonie du monde et sa stabilité n'ont pas de telles exigences. Il est au contraire dans les lois du mouvement, qui entraîne les êtres, que des individualités plus jeunes viennent remplacer les existences qui vieillissent et qui vont disparaître.

La marche en avant demande des sacrifices. Nous verrons se produire, pour le bien de l'ensemble, l'écrasement accidentel de certaines individualités.Là n'est pas à proprement parler le mal. L'œuvre serait défectueuse et mériterait nos critiques, si les sacrifices étaient faits en pure perte et ne contribuaient pas comme moyens à l'évolution régulière du monde.

Abandonnez à elles-mêmes les forces de la nature, vous verrez apparaître la confusion. Les éléments mis en présence sont bons et possèdent chacun leur rôle d'utilité. Le fait de la création vous donne, en effet, des êtres parfaitement déterminés, distincts les uns des autres par leur substance particulière et par leurs propriétés ; ils ont des tendances à s'unir les uns aux autres pour former un tout régulier. Mais, il n'en est aucun qui puisse déterminer le mouvement d'ensemble et en prendre la direction. Chacun fournira son énergie et la mettra en jeu, au hasard des circonstances, d'une manière brutale, sans raison et sans but. Il en résulterait la destruction de tout ce qui est faible et le triomphe des grandes masses qui se choqueraient entre elles dans un perpétuel désordre.

Il appartient à la Providence d'équilibrer les forces inconscientes et d'en faire l'harmonie. La puissance concédée aux créatures d'agir les unes sur les autres demandait, en effet, à être gouvernée par l'ouvrier souverain pour ne pas devenir une énergie néfaste. Dieu dispose avec poids et mesure les éléments qui composent le monde. Il accumule sur un point les forces d'action, ou bien, selon l'ordre de ses desseins, il les sépare et les isole. Il leur oppose au besoin des résistances efficaces par la rencontre de forces contraires : il écarte l'excès et organise l'ordre.

N'est-ce pas ainsi, dans une mesure restreinte et un champ limité, qu'opère l'homme de science ? Il ne met rien de son énergie propre dans les combinaisons qui s'opèrent sous ses yeux. Mais, il a dosé les éléments, il les a choisis et rassemblés ; il les a enfermés dans le lieu qui convient, soumis aux conditions que demande le travail, et il reste témoin, en quelque sorte inactif, de l'opération dont il a réglé les phases et que les forces mises en présence vont maintenant exécuter.

Accordez à l'opérateur une autorité d'action qui s'étende à l'universalité des créatures, supposez en lui une science sans limites, une volonté que rien n'arrête, un but de perfection ; supposez encore qu'il peut assurer la stabilité de nature et l'évolution des énergies qui leur sont propres aux éléments employés, et vous aurez le spectacle de la Providence exerçant son action pour la constitution et l'évolution du monde.

VII. — C'est donc par l'intermédiaire des causes secondes que Dieu développe son œuvre de providence sur les créatures matérielles et sur les créatures plus ou moins liées à la matière. Il les fait agir avec les forces qui leur sont propres, selon les desseins qu'il a lui-même formés. Ces forces sont également bonnes pour l'attaque et pour la défense. Par les dispositions qu'il leur impose, Dieu les emploie aux destructions accidentelles que demande le bien de l'ensemble, il s'en sert encore comme moyens de préservation. De ce travail qui s'étend à tous les êtres de ce monde et ne s'arrête jamais, résulte la conservation providentielle que l'on est convenu d'appeler négative ou indirecte parce qu'elle suppose de la part de Dieu, son auteur, un intermédiaire créé.

La cause seconde est par elle-même immuable puisqu'elle répond à la nature de l'être qui est mis en action. Sous l'impulsion que Dieu détermine, elle devient tour à tour agent d'organisation et principe de destruction. Elle est employée à faire surgir les êtres vivants qui arrivent à l'existence et aussi à déterminer la désorganisation de ceux qui tombent dans la mort ; elle soutient et multiplie les forces de l'être qui cherche à protéger sa propre existence, comme elle livre à des besoins étrangers l'être qui va fournir à un autre la nourriture indispensable.

C'est encore par l'influence de la cause seconde que s'établira la série continue des analyses et des synthèses qui changent sans cesse la forme et la constitution des êtres matériels, sans compromettre le trésor à jamais conservé de la masse primitivement créée.

Toutes les créatures qui composent l'univers peuvent exercer les unes vis-à-vis des autres les fonctions de causes secondes. Elles passent avec une facilité extrême de l'actif au passif, toutes subissant l'action et toutes l'accomplissant elles-mêmes, souvent encore et pour l'ordinaire, supportant l'impulsion victorieuse d'une cause plus puissante pendant qu'elles s'imposent violemment à un être plus faible. On les voit encore tantôt combiner leur puissance avec des énergies étrangères pour le succès d'une action commune, tantôt résister à la poussée du dehors et entreprendre la lutte contre des puissances opposées.

Arrêtons notre attention sur celles de ces causes dont l'action est prépondérante.

Nous devons mettre au premier rang le principe vital, quel qu'il soit, dans les êtres organisés pour la vie, en ayant soin de réserver une place essentielle-ment distincte et supérieure à l'âme spirituelle de l'homme. Nous ne la considérons d'ailleurs ici qu'au point de vue de la vie qu'elle donne au corps. Le principe vital, disons-nous, possède une véritable domination sur les éléments matériels. C'est lui qui les rassemble, les combine, les harmonise, exerce ensuite une pression sur les organes pour les mettre en jeu et leur faire accomplir les fonctions appropriées à leur forme instrumentale. Il les pousse à la lutte, les fait servir à l'absorption des matières étrangères, les dispose pour l'œuvre de la reproduction, les fatigue à l'action, les use peu à peu et finit par les écraser sous le poids de ses exigences. Puissance à double effet, il cause la vie et la maintient pour un temps, puis finalement, au moins d'une manière indirecte, détermine la mort.

Dans les êtres purement matériels, un rôle analogue est confié par la Providence aux affinités chimiques. C'est par leur action harmonieusement combinée que les corps se composent et forment des agrégats. Il est vrai que la même cause agit aussi en sens inverse. Un changement inopiné dans les conditions extérieures suffit pour mettre en présence des affinités d'un corps composé d'autres corps qui ont pour elles des attraits prédominants. Il en résulte la destruction du corps ancien. Le composé se désagrège, et ses divers éléments sont entraînés vers des combinaisons nouvelles.

Nous comprenons mal l'action, dans le monde matériel, de ce qu'il est convenu d'appeler les lois générales de la nature, si on ne les ramène pas à ces conditions métaphysiques. La loi est une résultante et non pas une autorité extérieure et étrangère. Elle a son fondement dans la nature immuable des êtres créés ; l'épanouissement de son action se fait selon la mesure et les conditions d'existence des êtres qui sont mis en contact.

Or, c'est Dieu créateur qui a déterminé pour chacun des êtres la nature qui lui est particulière et les propriétés qui restent inséparables de cette nature : en établissant les êtres, il a posé les lois que l'on appelle générales, aussi bien les lois de combinaison que les lois de résistance. C'est Dieu encore, par l'action de sa Providence, qui a formé les groupes, rassemblé les masses, réglé les rapports et harmonisé les influences. Ramenez sur un seul point les forces triomphantes, affaiblissez les oppositions, vous détruisez par cela même l'heureuse harmonie qui résulte de la combinaison des puissances actives et des résistances qui doivent tempérer leurs violences. L'ordre disparaît alors pour faire place au bouleversement général. Vous avez brisé les digues qui arrêtent les fureurs du fleuve impétueux, ne vous étonnez par des ravages que causera le débordement.

La marche régulière de l'univers exige le respect des dispositions du Dieu créateur. La conservation de cette œuvre première est assurée par l'action permanente de la Providence. Telle est sur ce premier point la conclusion nécessaire.

CHAPITRE II

LE GOUVERNEMENT DU MONDE

I. — Dieu, qui est l'auteur de l'existence et de la conservation du monde, peut seul aussi donner la force d'action aux êtres qu'il a créés. On doit affirmer, en ce sens, que Dieu opère dans les créatures. Il le fait de trois manières, soit qu'il provoque l'œuvre en imposant le but, soit qu'il rende l'action possible en attribuant à chacun des êtres une activité en rapport avec sa nature, soit enfin qu'il coopère lui-même à l'action en soutenant par sa Providence la nature et les forces de l'être qui agit.

Sous cette pression qui s'étend à toutes les conditions de l'acte, que reste-t-il en propre à la créature ? Certains philosophes que rappelle saint Thomas, et d'autres encore qui apparaissent à des âges plus modernes, n'ont pas craint d'affirmer que l'opération entière appartient à Dieu. La créature serait l'instrument, conscient ou non, mais absolument passif, de l'action divine. C'est Dieu qui se répandrait en splendeurs dans l'astre lumineux, Dieu qui végéterait dans la plante, qui éprouverait la sensation dans l'animal ; c'est Dieu encore qui dans l'homme se manifesterait par les actes de l'intelligence et de la volonté.

Nous ne voulons pas en appeler contre ces doctrines, nées du panthéisme, aux conséquences funestes qui en sont la suite nécessaire. Pour mettre leur fausseté en évidence, il nous suffit d'établir un rapprochement entre la formation des êtres et l'évolution de leur activité.

Par l'acte de la création, Dieu reste inséparable de l'être dont il est l'auteur. Que cet être soit esprit ou matière, il n'est pas abandonné à lui-même : Dieu, toujours présent, exerce sur lui un souverain domaine. Il n'est pas moins vrai cependant que cet être est essentiellement distinct de Dieu, qu'il possède une existence propre, qu'il est en droit de s'affirmer dans son individualité vis-à-vis de Dieu son auteur, et en face de tous les êtres de la création.

Le raisonnement ne perd rien de sa valeur lorsqu'il est appliqué à l'action exercée par les créatures. Il est certain que la force d'agir procède dans les créatures de la seule puissance de Dieu. De plus, cette force, pour produire son effet, doit être soutenue incessamment par Dieu dans toutes les phases de l'opération. L'acte ainsi gouverné découle cependant des énergies de la créature : il est harmonisé à sa nature, à ses propriétés et à ses conditions d'existence. Il reste par cela même l'acte propre de l'être qui le produit.

Gardons-nous par conséquent de dire que l'acte accompli par la créature est en réalité l'acte du Créateur, ou encore que Dieu, pour permettre à la créature de pouvoir agir, lui concède, comme on l'a prétendu, une part de sa toute-puissance. Dieu agit dans la créature comme auteur de l'existence et de la conservation des êtres qu'il a créés; mais de même qu'il attribue à chaque créature un être qui lui est propre, il lui assure la propriété et dans certains cas la responsabilité de son action.

On voit, par les considérations qui précèdent, que la Providence de Dieu mesure son intervention à la nature spéciale de chaque créature. Elle n'a pas à provoquer et à soutenir des actes de même sorte dans les différents ordres de la création. C'est par une progression admirable dans les conditions de son influence, qu'elle se montre toujours secourable, jamais oppressive, qu'il soit question des êtres purement physiques, des plantes ou des animaux. Elle prend, selon l'expression employée par les Ecritures, une forme bienveillante et respectueuse quand il s'agit de l'homme.

II. — Si nous considérons d'abord la mise en œuvre des propriétés dans la nature inerte, qui constitue la grande masse, nous voyons la Providence de Dieu se réserver en quelque manière toute la responsabilité du mouvement. C'est elle qui rassemble les éléments divers, établit les groupes, mesure les distances, détermine enfin les conditions des rapports afin de donner à l'univers matériel la forme générale de l'ordre, lui assurer sa permanence et en faire le lieu d'habitation et de vie des êtres plus élevés.

Dieu a voulu orner le firmament des points lumineux qui éclairent notre nuit : sa voix s'est fait entendre, et les étoiles ont répondu : nous voilà. Il a voulu le mouvement régulier des astres, les révolutions régulières du soleil et de la lune : ces masses de matière, soumises à son commandement, accomplissent avec précision la marche qu'il leur a tracée. Il a voulu que leur influence s'exerce sur les mouvements de la terre, et jamais de leur part un oubli ou une révolte n'a troublé l'ordre primitivement établi.

Portons nos regards sur la terre. Puisque Dieu avait décidé d'en faire l'habitation des créatures vivantes et en particulier de l'homme, il convenait de lui donner une atmosphère, de faire surgir les continents, de distribuer les eaux dans des conditions telles que la terre en fût arrosée sans avoir à subir des inondations universelles et permanentes. Le mouvement des eaux qui est nécessaire à la végétation des plantes et aux besoins des êtres vivants, demandait qu'il y eût des inclinaisons diverses formées par les montagnes et par les déclins des terres, et aussi des plaines que les alluvions rendraient propres à la culture.

Nous n'avons pas à énumérer toutes les convenances dont l'état du globe terrestre montre la réalisation. La Providence a pourvu de la même manière aux nécessités que réclamait la présence successive, bientôt simultanée, des plantes et des animaux ; elle a préparé tout ce qui devait servir l'homme, véritable maître de l'univers, dans les besoins de son corps, comme aussi dans le développement de ses institutions et de son industrie.

Pour réaliser ces dispositions de prévoyance et de souveraine sagesse, Dieu n'a pas violenté les êtres matériels. Il s'est fait une loi de conserver l'intégrité de leur nature, de ne leur imposer aucune action qui leur fût étrangère, et de les employer chacun selon ses propriétés naturelles.

Les composés se sont établis en accord avec les affinités spéciales de chaque élément. La Providence s'est bornée à mettre en présence les éléments qui devaient être combinés, soit qu'elle agît en cela d'une manière directe, soit qu'elle se servît pour déterminer ces rencontres de l'impulsion donnée par les causes secondes.

L'action providentielle s'est exercée de la même manière pour la formation des astres et pour l'organisation complète du système planétaire. La loi des distances a suivi la loi des compositions élémentaires et des masses. Il en est résulté la grande harmonie des mouvements. Si vous vouliez augmenter ou diminuer la masse de ces globes lumineux, si vous changiez leurs principes constitutifs, vous imposeriez par cela même des variations aux influences qu'ils exercent et à celles qu'ils subissent. Leur mouvement ordinaire n'aurait plus dès lors son entière raison d'être, l'ordre serait troublé : c'est la confusion que vous introduiriez dans le système de l'univers.

Nous le répétons, que ces agglomérations aient surgi tout à coup et simultanément dans l'espace, que leur formation ait passé par des phases plus ou moins nombreuses, dans l'une comme dans l'autre de ces hypothèses, la Providence se montre toujours respectueuse de la nature et de l'action propres aux êtres qu'elle met en œuvre.

Il en est de même pour les conditions du globe terrestre. On voulait autrefois d'une formation telle quelle ; les progrès de la science ont permis de constater la succession de plusieurs états qui ont précédé et préparé l'état actuel. Les savants peuvent multiplier leurs constatations et leurs hypothèses ; ils peuvent conduire par des voies diverses leurs inductions expérimentales : une vérité reste inébranlable et victorieuse de toutes les théories, c'est la Providence s'exerçant sur les êtres primitivement constitués pour les faire agir selon la nature spéciale à chacun et les disposer de telle sorte que de leurs agrégations résultent l'ordre et la stabilité du monde.

III. — L'intervention de la Providence prend une autre forme par rapport au règne végétal. Elle semble ici restreindre son œuvre propre en concédant aux causes secondes une part plus considérable. Nous n'avons pas rencontré dans les minéraux un élément dominateur. Quels que soient les composants mis en présence, chacun intervient pour sa part dans la synthèse qui se produit. Il y intervient avec une telle force et d'une manière si complète qu'il disparaît dans le terme de son action pour donner lieu à un composé qui n'est ni l'un ni l'autre des composants, mais un corps spécial et nouveau.

Si nous portons nos observations sur les plantes, nous constatons que, pour chacune, l'individualité est inséparable d'un élément qui est le principe de la vie. C'est à ce principe que revient la fonction de retenir dans l'unité les éléments matériels, de les grouper, de les organiser, de leur imposer un mouvement spécial que la nature physique ne connaît pas et qui diffère essentiellement de l'action des affinités moléculaires. La Providence se fait un intermédiaire de ce principe de vie. Elle lui confie, toujours sous sa sauvegarde et avec son incessante coopération, une œuvre que les éléments matériels seraient inhabiles à accomplir. Combien se montre merveilleux cet assemblage d'éléments hétérogènes combinés en unité sous la domination d'une force interne qui donne le mouvement de vie et détermine les diverses opérations !

L'action du principe interne est plus complète encore dans l'animal. Elle ajoute au mouvement de la vie, la connaissance de ce qui est le bien de l'individu et la mise en œuvre des moyens qui doivent le lui procurer. Le domaine de l'individualité est par cela même agrandi. L'animal s'appartient dans des conditions plus larges que ne s'appartiennent les plantes.

Nous sommes loin sans doute de la possession de soi qui est le caractère propre de la personne humaine. Mais, ne semble-t-il pas qu'à mesure que s'agrandit le domaine concédé par la Providence à l'action des causes secondes, se développent aussi pour la créature les conditions du bien-être ?

Il importe peu à l'être purement matériel de se maintenir à l'état de corps composé ou d'avoir à se présenter dans la simplicité de ses éléments. C'est sans inconvénient pour lui qu'il passe par les états auxquels le soumettent tour à tour l'analyse et la synthèse : sa nature n'en est pas offensée puisqu'elle trouve sa raison d'être aussi bien comme corps simple que sous la forme de corps composé. Les grandes masses conviennent à l'être matériel, comme lui conviennent les morcellements opérés par les divisions multiples. Tout est bon pour lui, la simplicité et la composition, l'agglomération aussi bien que l'état moléculaire.

Les phénomènes qui se produisent dans cet ordre inférieur de la création, n'ont rien qui puisse nous émouvoir ; nous les provoquons au besoin, et nous trouverions puéril qu'on voulût s'apitoyer sur les changements d'état par lesquels nous faisons passer la matière inerte. Sans doute notre œil est blessé par le spectacle des cataclysmes qui se produisent dans l'univers, et nous pouvons en éprouver des impressions désagréables. Observons cependant que notre bien-être, nos intérêts, notre sens artistique, déterminent pour l'ordinaire ces impressions. Il arrive même que les bouleversements partiels ne sont pas pour nous déplaire. Nous leur demandons des émotions vivifiantes au moment où ils se produisent, et nous les contemplons après l'événement dans la grandeur que présentent les ruines de la nature morte.

L'être vivant, plante ou animal, quelle que soit l'exiguïté de son domaine, est à lui seul un tout complet et organisé qu'on ne peut pas entamer sans dommage. La mort qui viendra le détruire est naturelle et inévitable. Nous éprouvons cependant une certaine répugnance à la voir intervenir, qu'elle marque la fin d'une plante vulgaire, qu'elle jette dans l'inertie et dans la décomposition le moindre des insectes. Lorsque la mort est prématurée, lorsqu'elle prend la plante dans son premier développement ou qu'elle frappe avec violence l'animal qui nous intéresse, n'aurions-nous d'ailleurs aucun avantage à la prolongation de la vie dans ces êtres inférieurs, notre sensibilité éprouve quelque émoi : l'amour inné que nous avons de toute conservation se révolte et nous nous laissons aller à penser que cette destruction de l'être vivant est un mal.

En cela peut-être dépassons-nous la mesure. Dans l'ordre général, qui gouverne les créatures, la plante et l'animal sont subordonnés à un intérêt supérieur : ils existent et ils accomplissent leurs évolutions pour servir aux besoins et aux satisfactions de l'homme. Il faut que cette idée domine les jugements que nous portons sur la condition et les incidents de leur existence. Les plantes deviennent la nourriture la plus ordinaire des animaux et de l'homme. Elles livrent leurs parties les meilleures, leurs fruits qui sont des germes de reproduction ; elles sont sacrifiées dans leur fleur ou mises en œuvre pour les industries de l'homme lorsque leur développement est plus complet. En tout cela, elles accomplissent l'œuvre et les fonctions qui leur sont propres.

Les animaux subissent les mêmes lois. La plupart succombent dans les combats pour la vie qui font des plus faibles et des moins habiles la nourriture des plus forts. L'homme se soumet les forts et les faibles, et, pour sa propre utilité, leur impose le travail, la fatigue et la mort.

N'oublions pas que la mort est la condition de leur nature. Nous ne voudrions pas la considérer comme un mal, lorsque les créatures inférieures arrivent à ce terme après avoir accompli l'évolution normale qui est particulière à chaque espèce. Est-elle véritablement un mal, si elle les surprend en pleine course ? Elle apparaît sans doute alors comme une perturbation violente de l'ordre individuel, mais elle entre comme moyen d'harmonie dans un ordre supérieur. La plante et l'animal, disons-nous, existent pour servir. Qu'ils servent par le développement de leur vie ou par l'accident inattendu de leur mort, ils remplissent également leur mission, ce qui est toujours un bien.

La manière violente dont la mort les atteint quelquefois, les abus de force à leur égard, les souffrances inutiles qui trop souvent précèdent et déterminent la mort de l'animal, excitent à bon droit notre pitié. Ce point de vue humanitaire ne change rien à la question. Nous déplorons les abus, mais nous continuons à soutenir que l'événement lui-même se trouve en accord avec les destinées de la plante et de l'animal. Conclure autrement, ce serait soumettre à un blâme mal réfléchi l'œuvre de la création et la conduite de la divine Providence.

S'il vous plaisait d'exiger le respect de l'animal et de la plante, vous rendriez absolument impossible la conservation de la vie dans les êtres inférieurs que vous voulez préserver de mort violente. La loi d'existence exige en faveur de chacun d'eux les sacrifices que vous voudriez arrêter. L'animal vit de l'animal et de la plante. Votre œuvre sentimentale, loin d'écarter la mort, serait le signal d'un arrêt complet de toute vie.

IV. — L'homme n'échappe pas au choc fatal des forces extérieures. Il en souffre, ses organes en sont altérés, et, comme les êtres inférieurs, il subit la mort par une loi de sa nature. Ne semble-t-il pas que, dans cet ordre, le seul privilège de l'homme consiste à pouvoir se rendre compte de sa douleur et à voir la mort s'avancer vers lui ? Privilège terrible qui pèse cruellement sur l'homme et rend plus délicates ses conditions d'existence.

Le principe de la vie est pour l'homme son âme spirituelle. Il entre dans les fonctions de ce principe substantiel d'organiser les éléments du corps pour l'unité de vie et d'action, d'accomplir ensuite toutes les actions physiologiques et sensitives que nous avons déjà signalées dans les plantes et dans les animaux. Grâce à la nature de son âme, l'homme possède en propre la puissance de réflexion et de volonté qui lui permet de déterminer ses actes. Il en cherche les moyens et en prévoit les conséquences ; il multiplie de la sorte ses auxiliaires et prend possession par son industrie de tout le monde inférieur.

L'homme apparaît donc dans l'univers comme le maître qui doit être servi. La nature physique est disposée pour son utilité : c'est à lui que se termine, comme à son but prochain, l'existence des plantes et des animaux. Pourrions-nous supposer qu'il n'est lui-même qu'un degré dans l'échelle des êtres ? Ce maître va-t-il à son tour trouver des êtres plus parfaits et devenir serviteur ? Découvrirons-nous au-dessus de lui des créatures qui l'emploieront à leur œuvre propre et s'en serviront comme d'un moyen ?

Si nous considérions dans l'homme le seul élément du corps, il faudrait reconnaître que le rôle de serviteur entre dans ses fonctions. Il est, en effet, employé à des œuvres dont le plus grand nombre reste pour lui sans utilité. L'âme se sert du travail des sens pour atteindre le monde matériel, le connaître et en prendre occasion de s'élever à des opérations d'un ordre supérieur. Si les organes du corps sont le miroir dans lequel se réfléchissent les objets du dehors, l'âme est l'ouvrier, doué d'intelligence et de volonté, qui s'empare des sensations pour leur imprimer son propre caractère et faire surgir l'universel de ce que le corps lui transmet comme le particulier et le contingent.

Le corps est vraiment un serviteur : il est esclave. Mais il ne présente pas dans le composé humain les conditions d'un simple instrument. La Providence qui a voulu lui attribuer un rôle humilié, en accord avec sa nature matérielle, en a fait cependant un élément essentiel de la personne. L'âme, qui s'en sert, lui doit protection, non par pitié et comme reconnaissance, non pas encore par calcul d'intérêt, mais parce qu'il est le complément nécessaire de l'être humain. Sans le corps, l'âme n'est point l'homme, de même que, privé de son union avec l'âme, le corps perd sa dignité et tombe au niveau de la création matérielle.

Il est de l'intérêt du corps de rester uni à l'âme ; il est dans les besoins de l'âme de ne pas se séparer du corps. Voilà pourquoi l'âme répugne à cette séparation. Il n'en est pas moins vrai que le corps, ayant à subir l'usure qui lui vient de ses propres opérations et les altérations qui lui sont imposées par les attaques des êtres extérieurs, s'achemine fatalement vers la mort.

Dieu seul pouvait, par la concession d'un privilège surnaturel, donner à l'âme une puissance dominatrice qui lui aurait permis de soutenir sans défaillance le corps dans son acte de vie et de le défendre contre les éventualités de sa fin naturelle. Il en fut ainsi avant le premier péché. Dans l'état actuel de l'humanité, la nature reprend ses droits sur le corps. De là résulte un mal qui s'étend à l'homme tout entier.

La mort de la plante et de l'animal peut être appelée une fonction ; celle de l'homme, loin d'être utile pour un bien d'un ordre plus élevé, se présente comme un malheur. Elle arrête le complet élan de l'homme, corps et âme, vers Dieu qui est sa fin. Le corps, destiné à servir l'âme, cesse son office et devient incapable d'action ; de son côté, l'âme, gardienne infidèle du trésor qui lui avait été confié, se sépare de son compagnon qu'elle abandonne à l'inertie et à la dissolution.

La Providence, en livrant l'homme à la mort, lui fait subir la peine la plus terrible qui puisse l'atteindre au point de vue de sa nature. Les douleurs, les maladies, les infirmités ne sont que le cortège de la mort. Elles la précèdent et font partie du même châtiment. Tout est frappé dans l'homme, parce qu'en lui tout est coupable.

Considérée du côté de Dieu qui punit, la peine de l'homme coupable n'est pas un mal, mais un bien. Elle a pour but premier d'accomplir une œuvre de réparation, en se faisant le vengeur de la justice offensée.

Elle apparaît aussi, dans l'existence de l'homme,

mais d'une manière secondaire, comme une grâce de la miséricorde de Dieu : elle prend alors la forme d'une épreuve bonne pour le salut. C'est ainsi que la Providence tire le bien du mal. L'homme, averti par la peine, déplore sa faute et se met à la recherche des moyens qui doivent assurer sa réhabilitation.

V. — Nous devons en ce moment nous arrêter à une autre question de souveraine importance. La faute elle-même, dans quelles conditions se produit-elle ? Il est certain qu'elle ne peut en aucune manière être attribuée à Dieu. Son poids entier doit peser sur l'homme. Dirons-nous que Dieu coopère à nos bonnes actions, et qu'il s'éloigne au contraire lorsque l'acte est mauvais, afin d'en laisser à l'homme toute la responsabilité ? Une telle supposition, loin de faire disparaître les difficultés d'explication, nous mettrait en présence d'une créature qui, sur un point au moins, échapperait à la domination du Créateur.

Que l'œuvre soit bonne, qu'elle soit mauvaise, elle réclame également la coopération de Dieu. « L'action de Dieu, observe saint Anselme, est inséparable de nos œuvres, que ces œuvres soient justes ou qu'elles soient injustes, bonnes ou mauvaises. Dans les bonnes, cette action est cause de l'acte et de la bonté de l'acte, dans les mauvaises, elle est cause de l'acte, mais nullement de son caractère mauvais. »

Laissons en dehors de la discussion l'intervention de Dieu comme auteur de l'être qui agit, ce que l'on est convenu de nommer le concours éloigné ou *médiat*. Il est certain que cette première intervention est indispensable, puisque sans elle l'être créé n'existerait pas. Mais, ce concours médiat, si on veut l'isoler ou le faire seul intervenir, abandonne aux forces de la créature, un acte qui exige pour le fond de son entité une puissance infinie. Là encore se montre la contradiction.

Le concours de Dieu, dans l'acte de la chute et dans tout acte de péché, sera donc *immédiat*. Il ne se séparera pas de l'action de la créature qu'il accompagnera dans chacune de ses phases, non pas comme le ferait l'acte d'un observateur attentif ou d'un conseiller, mais en agissant pour l'action et en l'accomplissant d'une manière réellement effective.

Il résulte de cela que l'action de la créature est en même temps l'action de Dieu ; mais Dieu et la créature n'agissent pas de même sorte. L'action n'est pas multiple ; elle est essentiellement une, toujours bonne de la part de Dieu, bonne ou mauvaise du côté de la créature libre. Voilà pourquoi l'homme en a le mérite, comme il en porte la responsabilité.

Tout ce qui paraît malaisé à concilier dans cette suite d'affirmations, devient lumineux et de salutaire instruction, si on sait respecter le domaine de l'action divine et si on assigne à la créature le rôle véritable qui lui est concédé.

Disons d'abord que tout dans l'homme vient de Dieu. Par conséquent tout en lui présente les caractères d'un effet : son être dans sa première existence et dans sa conservation, sa force d'agir et toutes les applications de cette force, et cela qu'il soit question des phénomènes de la vie physique ou des actes de l'intelligence et de la volonté. Il en résulte que là où opère l'homme comme cause seconde, là aussi Dieu opère comme cause première. Ce n'est pas l'ombre qui suit le corps, ou le commandement qui détermine l'action. Ce sont deux forces avançant de concert, émettant les énergies successives que requiert l'évolution de l'acte, et aboutissant de concert encore à son entière réalisation. Le créateur ne quitte pas sa créature, la cause première n'abandonne pas un instant la cause seconde.

Gardez-vous cependant d'en appeler comme similitude au cavalier qui presse sa monture et accomplit la course avec lui, ou encore à la lyre qui résonne sous les doigts du musicien. Il se glisse dans ces comparaisons une dualité d'action et aussi une idée de cause instrumentale qui nous éloignent de la vraie solution. L'acte humain, quel qu'il soit, ne peut pas être scindé et se constituer selon la rencontre de deux actes concordants qui seraient par cela même harmonisés. Il n'y a qu'un seul acte auquel concourent Dieu et sa créature.

Il ne faudrait même pas supposer qu'une partie de l'acte appartient à la cause première et l'autre partie à la cause seconde. L'entière causalité de l'acte vient de Dieu, et cependant l'acte entier est encore l'acte de la créature. Mais Dieu et la créature ne l'accomplissent pas au même titre. Dieu, comme cause première, ne sort pas de son rôle providentiel. L'acte lui appartient parce qu'il est le créateur et le conservateur de l'être qui agit : il le veut, le délimite et l'opère. De son côté, l'homme agissant dans la complète possession de son être, commande son acte et l'exécute comme il le veut. Il agit en être doué de liberté et communique à son acte le même caractère : il en fait un acte libre.

On ne peut pas, par conséquent, mettre en doute l'unité de cette action dans laquelle nous voyons intervenir deux agents qui chacun à des titres divers en possède l'entière propriété. Dieu en prend la responsabilité, si on veut nous permettre cette expression, comme il se fait responsable de l'existence des êtres et des forces concédées à la créature. La responsabilité de l'homme se mesure d'autre sorte. La mise en œuvre des forces naturelles est bonne en soi, mais elle peut présenter, par sa fausse application, une forme déficiente et mauvaise. Le mal moral ou mal de la faute ne suppose pas, en effet, un acte dont la nature soit essentiellement contraire à la nature de l'acte bon. Il serait juste de dire que le mal moral est l'acte bon employé pour le mal, soit que cet acte dévie de son vrai but, soit qu'il fasse servir ses forces d'impulsion à une œuvre qui loin de servir la fin de l'homme en est la contradiction.

VI. — Examinons comment se produit dans l'homme cet oubli coupable du but final, qui est le péché. Si nous considérons l'action elle-même dans la nature de l'agent qui l'accomplit et dans les forces employées, tout nous paraît bon.

Mais, l'homme peut se laisser tromper par des apparences fausses qui lui font considérer comme un bien ce qui est en réalité un mal. Il s'écarte alors de la voie véritable ; il échappe à la direction voulue et commandée par Dieu. Le but est loin encore, et le voyageur s'arrête. L'objet qu'il accepte comme raison de son acte pourrait peut-être servir de moyen dans d'autres circonstances ; il est pour le moment mal choisi et se trouve en désaccord avec le but principal.

La responsabilité du mal moral retombe sur l'homme qui le commet. L'action concomitante de Dieu est en quelque manière brisée et brusquement arrêtée, lorsque l'homme cédant à l'attrait des créatures fait halte en pleine voie. L'énergie que Dieu lui avait donnée pour le conduire au bien souverain, se perd tout entière dans l'amour du bien créé.

Remarquons ici que l'acte, qui s'échappe du cœur de l'homme pour monter vers Dieu, répond à une des formes de l'adoration. Le même acte, se détournant de Dieu pour se terminer à la créature, devient une adoration criminelle qu'on pourrait appeler une idolâtrie.

L'homme coupable fait tomber son idolâtrie d'abord sur lui-même. Il adore ensuite autour de lui tout ce qui provoque sa terreur ou son admiration, ce qui s'impose par la majesté ou par la puissance de l'objet, aussi bien que par son influence salutaire ou funeste. Il multiplie le mal du péché pour servir ses idoles. Un péché détermine un autre péché. Ainsi se forme, anneau par anneau, la chaîne de servitude qui tient rivé fortement à la terre l'être de liberté que Dieu avait créé pour la possession d'un bien supérieur.

L'homme, que domine l'amour de soi, s'oublie dans les plaisirs du corps et dans les satisfactions qui sont malsaines pour son âme ; il s'abandonne à l'orgueil, il se livre à l'avarice, il se complaît dans l'envie et s'irrite follement contre tout ce qui fait obstacle à ses convoitises.

Le mal moral résulte par accident des forces naturelles qui toutes sont bonnes et ordonnées vers le bien. Si la volonté l'accomplit, il ne faut pas oublier que Dieu dans sa bienveillance exerce à l'égard de cette volonté une sauvegarde qui devrait suffire pour la tenir éloignée du mal. Il fallait que la volonté fût libre afin que l'homme possédât le mérite de ses actes. Dieu, pour prévenir les abus de la liberté, ne s'est pas contenté d'illuminer la volonté par les clartés de l'intelligence ; il a donné à l'homme l'amour du bien, et il s'est imposé lui-même, le Dieu de toutes les satisfactions, comme le bien suprême vers lequel convergent les biens particuliers.

VII. — Avant la faute originelle, cette sauvegarde était fortifiée par les dons surnaturels accordés à l'homme dès le jour de la création. Le corps obéissait à l'âme, et l'âme trouvait sa satisfaction à se soumettre aux ordres de Dieu. La Providence n'abandonne pas l'homme coupable : elle vient à son aide par la promesse du Rédempteur. Elle fait une atmosphère de préservation et d'espérance à celui que la justice a déjà condamné.

Nous voyons que l'homme coupable et condamné n'est pas privé de l'enseignement surnaturel qui a été donné au premier homme dans le paradis terrestre. Les dogmes de la révélation primitive se conservent dans l'humanité et constituent le trésor des vérités surnaturelles que chez tous les peuples anciens se transmettent les générations. Ces vérités sont commentées, développées, enrichies, au moins chez le peuple privilégié, par les révélations que Dieu livre à l'humanité par l'organe des prophètes et des écrivains sacrés.

Tous ces secours surnaturels étaient nécessaires à l'homme dont le péché avait obscurci les voies. La terre ne produisait plus que des chardons et des épines. Elle était aussi rebelle à livrer ses secrets, qu'elle se montrait dure à faire germer les plantes utiles. Ce n'était plus la nature parfaite des premiers jours dont les harmonies formaient une hymne à la gloire du créateur. Les chants d'ailleurs seraient-ils montés de la terre aussi mélodieux et aussi éclatants, l'esprit humain était lent désormais à les sai-

sir et ne les comprenait plus qu'avec difficulté.
Lorsque l'intelligence parvenait enfin à découvrir la
vérité, la volonté, paresseuse ou révoltée, accomplis-
sait son œuvre en hésitant, d'une manière pénible,
ou encore s'en allait, dévoyée et incertaine, loin des
véritables biens.

Les moyens de préservation employés par la Providence furent nombreux dans les temps anciens.
Mais combien ils laissent large et désolé le domaine
dans lequel s'exerce avec rigueur la colère d'un
Dieu irrité. Depuis la chute, le péché semble en-
gendrer des péchés nouveaux. Les coups frappés
par la justice de Dieu ne suffisent pas pour ramener
l'homme qui va s'égarant de plus en plus dans les
voies du mal. Quelques vertus surnagent dans cette
mer de péché : elles sont rares comme, après la
tempête, les épaves du vaisseau qui s'est brisé sur
les écueils.

La réhabilitation désirée par l'homme et que
Dieu a promise, est réalisée par le Christ. L'homme
réconcilié avec Dieu reprend ses grandes espérances
et se dirige vers le bien suprême. Mais, il avance
lentement dans cette voie devenue difficile. Il conserve sur toute sa personne les blessures débili-
tantes que lui a faites le péché, et il doit lutter
contre de puissants ennemis.

Les secours providentiels vont au-devant de ses
défaillances. Le Sauveur se fait le guide de l'humanité qu'il instruit par ses discours et par son exemple.
Il enseigne à ses disciples que la possession de la
terre a pour but les espérances du ciel, que les biens
créés sont des moyens pour se diriger vers Dieu.
Pour relever l'homme et le sauver, il l'unit de la
manière la plus intime à sa personne. Il lui donne
par le baptême une vie nouvelle et l'introduit dans

son Eglise. Tout le secours qu'une société politique, bien organisée, forte de ses institutions longuement éprouvées, peut assurer à l'homme, dans l'ordre de la vie civile, l'Eglise de Jésus-Christ le donnera, dans l'ordre de la vie surnaturelle, à chacun de ses membres. Le chrétien n'est plus l'homme exilé : il est le voyageur qui marche vers le pays convoité ; il vit dans un milieu de paix, entouré de frères nombreux, uni aux chrétiens de tous les siècles par les liens de la charité, aimé et soutenu par Jésus-Christ son chef.

L'épreuve cependant doit se continuer pour le coupable jusqu'à la fin des temps et s'étendre, comme la transmission de la faute originelle, sur toutes les générations. La terre reste dure au travail de l'homme, et la mort n'arrête pas son œuvre de destruction. Ce sont les tristes conséquences du péché. L'homme les porte comme une peine qu'il ne peut pas éviter ; mais il lui est accordé de s'en faire devant Dieu un moyen de justification et de mérite.

La Providence ne pouvait pas lui ménager sur cette terre, souillée par le péché, une vie de repos. L'homme doit lutter pour avancer vers le bien, lutter contre ses propres tendances et contre les entraînements du dehors. La voie est rendue difficile par les ruines qui l'encombrent depuis la déchéance. Mais, c'est encore le chemin royal, parce que c'est le chemin du courage et qu'il aboutit au souverain bonheur.

CHAPITRE III

LA RÉPARTITION DES BIENS ET DES MAUX

I. — L'homme de sens qui porte son regard autour de lui pour juger sa condition d'existence dans le monde, s'aperçoit que, d'une manière générale, les choses qui l'intéressent, objets matériels, événements et même simples incidents, forment deux groupes distincts, l'un bon, l'autre mauvais. La vie et la santé lui sont bonnes ; il est avantageux pour lui de posséder le bien-être et, par suite, tout ce qui semble le procurer comme les richesses, l'estime des autres hommes et même cette suprématie de rang et d'autorité qui s'appelle les honneurs, le commandement, la gloire ; il trouve encore bon pour lui la science qui est une autre supériorité dans laquelle il se délecte, et, s'il est homme de goût complet et délicat, les vertus qui font sa dignité personnelle.

L'autre groupe lui déplaît parce qu'il est en contradiction avec les conditions du bien, qu'il jette par cela même sa vie dans les hasards et la livre aux infortunes.

Il voudrait rencontrer toujours le bien sur sa route et n'avoir pas à compter avec le mal. Mais, il sait que c'est là un rêve contredit tous les jours par l'implacable réalité. Qu'il s'y résigne ou non, le bien et le mal se partageront sa vie. Dans quelles conditions ? Il ne saurait le dire ou le prévoir. Les observations, qu'il fait autour de lui, l'éclairent peu et ne lui permettent pas de formuler sur cet objet de ses réflexions des règles scientifiques.

Il n'ignore pas cependant que si le bien, qui seul répond à sa nature et à ses désirs, se trouve mêlé de mal, il doit en chercher la cause dans la responsabilité d'une faute première dont il a hérité en arrivant à la vie, et encore dans ses fautes individuelles.

Va-t-il se résigner ? Il est coupable, il le sait. Mais, il sait que d'autres le sont comme lui. Il veut bien porter sa part de la peine, mais il demande au moins que cette part lui soit mesurée d'une manière équitable. Pourrait-il en être autrement dans le gouvernement du Dieu de toute justice ?

Or, que voit-il dans le monde ? Les méchants qui triomphent et semblent prendre pour eux tous le bonheur de la vie ; par contre, les justes malheureux, opprimés, succombant à la peine sans recours d'aucune sorte et sans compensation. A la vérité, le tourbillon du mal se déchaîne souvent avec une telle violence que les méchants ne sont pas épargnés ; il arrive même que le bonheur s'égare parfois et s'arrête sur les justes. Mais le partage se ferait-il en toute égalité, l'homme de bien en éprouve quelque trouble. Il se dit que le bien ne devrait pas quitter les bons et que le mal ne devrait atteindre que les méchants.

Lorsque le problème se pose dans ces termes et repousse toute autre donnée, la conduite de la Providence est difficile à justifier. Aucun homme n'est innocent, et tous doivent porter la peine. Mais pourquoi le mal abonde-t-il chez les uns, tandis que les autres sont traités d'une manière plus douce ? Pourquoi surtout cette injustice manifeste du méchant heureux et du juste livré à l'infortune ?

Les hommes de religion se sont unis aux philosophes pour chercher la solution.

Quelques savants sont intervenus et ont proclamé que tout s'en va au hasard dans le monde, que l'homme ne porte pas de responsabilité, qu'il ne peut, par conséquent, en appeler à une justice future, que tout événement heureux ou malheureux est un jeu de la fortune inconsciente et aveugle, que le bonheur est pour celui qui sait se placer au bon endroit, le malheur pour l'homme peu avisé ou moins habile. Ce sont là des hypothèses désespérées qui n'expliquent rien et ne peuvent pas procurer le repos de l'esprit.

II. — Les hommes qui pensent et qui veulent savoir ne pouvaient pas les accepter, et on les a vus continuer leurs recherches. C'est alors sans doute qu'ils se sont livrés sur la nature des biens et des maux à un travail de distinction, très juste en lui-même, qui devait élargir leur horizon sans leur permettre cependant d'arriver à une conclusion de tous points satisfaisante.

Que sont les biens, que sont les maux ? Peut-être nous faisons-nous à leur sujet d'étranges illusions. Pouvons-nous appeler bien une lueur incertaine qui s'arrête sur nous un instant et bientôt disparaît ? Elle n'a fait qu'assombrir notre ciel. Il en est cependant ainsi de ces biens que nous poursuivons avec ardeur et que nous envions chez les autres lorsque nous n'arrivons pas à les posséder nous-même. Ils ne sont que vanité et ne doivent leur existence qu'aux illusions de notre esprit. Pour l'ordinaire, ils ne nous apportent que déception, car nous nous étions mépris sur leur valeur véritable. Combien de fois n'ajoutent-ils pas à nos misères ! Leur poids nous accable et leur influence nous est fatale.

Soumettons au jugement de notre froide raison les biens dont se prévalent les heureux de la terre et que la foule contemple de loin avec convoitise.

Les richesses occupent sans contredit le premier rang. C'est le bien le plus universellement recherché. On veut être riche, acquérir des trésors, pour pouvoir acheter ensuite tout ce qui se vend. Il n'est pas pour l'homme mondain de possession plus féconde en jouissance. Mais la richesse n'est pas le rosier sans épines. Elle a ses dangers, ses déceptions et ses terreurs. Elle ne s'acquiert pas sans fatigue, elle disparaît souvent à l'improviste par un coup de fortune. Combien d'hommes lui sacrifient la dignité de leur vie et l'honneur de leur conscience combien peu s'en font un moyen de vertu ! Il faudra d'ailleurs abandonner un jour la fortune bien ou mal acquise, et voir disparaître son cortège de satisfactions et de délices, pour s'en aller pauvre et dépouillé dans cette terre d'où l'homme est sorti. Les richesses qui sont vanité, source de déceptions et de regrets, voudrions-nous les appeler un bien ?

Les honneurs, la puissance, la gloire, toutes les distinctions fastueuses qui nous imposent à l'admiration des autres hommes ou qui les soumettent à nos volontés, ne méritent pas mieux d'être regardés comme des biens. Leur base est fragile, l'extension de leur influence est restreinte. Les honneurs que donne la foule s'évanouissent trop souvent sous la poussée d'un autre mouvement populaire ; la puissance se heurte à une force ennemie qui la domine et l'abat ; la gloire est dévorée par l'oubli. Gloire d'ailleurs bientôt posthume et dont la jouissance nous échappera. Ajoutons que la gloire, les honneurs, les dignités sont acquis trop souvent par des moyens qui pèsent comme un remords sur la vie de l'homme. Peut-on les appeler des biens ? Ne faut-il pas, au contraire, s'estimer heureux d'échapper à leur contact ?

N'essayons pas de faire intervenir les basses satisfactions de la volupté : elles auraient à subir le même échec. Ce ne sont pas des biens, mais de véritables maux.

Adressons-nous de préférence aux plaisirs de l'esprit, à la science, vraie dominatrice, dans laquelle l'homme se complaît, à ces envolées d'imagination qui le font vivre dans les régions de son choix, à ces dilatations du cœur qui provoquent les formes les plus généreuses de son affection et le convient à tous les bonheurs. Allons-nous découvrir le bien véritable ? Pauvre science de l'homme, combien elle apparaît fragile, incomplète, livrée aux incertitudes. Le vol de la pensée se fatigue, les jouissances du cœur n'ont pas de durée, les fantaisies du rêve s'éteignent dans la réalité. Ce n'est donc pas aux vaines satisfactions de la science qu'il faut demander le bonheur.

III. — Dans ces considérations, mises en honneur par les philosophes stoïciens, il y a une part de vérité. La thèse générale peut y puiser des arguments qui ne manquent pas d'intérêt. Mais, si on prétendait appuyer sur cette doctrine la justification de la Providence, on provoquerait des oppositions qui ne laisseraient rien subsister de la démonstration.

Il faut raisonner de même manière par rapport au groupe des maux que les partisans de cette école s'industrient à présenter non pas toujours comme des biens, mais au moins comme des choses de petite importance qui doivent nous être indifférentes. Ces petites choses, c'est en somme souffrir, mourir, avoir à supporter l'indigence, vivre dans l'abjection et le mépris, et autres misères du même genre.

On ne convertira jamais l'humanité à ces doctrines. Quels que soient la conviction et le talent des professeurs d'indifférence, les hommes du commun, dont nous sommes à peu près tous, considéreront comme un mal les infirmités du corps et de l'âme, l'ignorance, la maladie, l'indigence, la mort.

Les sages ne diront pas que c'est là le mal suprême, le seul mal de l'homme, mais ils se garderont de les considérer comme des biens. De même aussi, quand ils voudront juger des états de richesse, de commandement, de réputation, de gloire, ils se permettront sans doute de prudentes distinctions, ils admettront que tout cela peut avoir des origines suspectes et finir par tourner à mal, mais vous ne les amènerez pas à dire que ces choses si recherchées, de grand avantage et de bel ornement dans la vie humaine, ne sont pas en réalité des biens. Qu'il soit prudent de ne pas s'en rendre esclave, de les poursuivre dans le calme, d'en user avec modération, de savoir ne pas les posséder et même de savoir les perdre : voilà des conditions de sagesse sur lesquelles vous pouvez espérer l'accord. Ne poussez pas plus loin vos prétentions. Vouloir que les hommes acceptent les misères comme des biens et qu'ils considèrent comme des maux les faveurs de la fortune, c'est vraiment trop leur demander.

L'action de la Providence dans la répartition des biens et des maux n'a pas à se défendre par de semblables moyens. Il est certain que le bien et le mal existent dans le monde ; il est certain encore que ces deux termes opposés ne peuvent pas changer de nature et se prendre l'un pour l'autre. La mort n'est pas un bien pour l'homme ; les maladies, les infirmités, les souffrances ne sont pas pour le corps un bien, mais un mal. Il en est de même pour l'ignorance, les incertitudes et les angoisses qui atteignent l'âme. Dans l'ordre social, la puissance de commandement, la force des actions généreuses, la gloire, l'influence, la renommée qui s'y attachent, sont également des biens.

Il est vrai que dans l'application, la plupart de ces biens peuvent dévier de leur fin véritable et déterminer accidentellement le mal. C'est ainsi que les richesses constituent un danger pour celui qui les possède : elles soulèvent contre lui la convoitise, exagèrent ses sollicitudes, et, ce qui est plus grave, deviennent trop souvent pour son corps des moyens de voluptés coupables et pour son âme des occasions de vice. De même, les honneurs, la puissance, la renommée, la gloire et les autres biens de ce genre, introduisent, par l'abus et le mauvais usage, des maux nombreux dans l'existence de l'homme.

L'argument renverse ses termes et amène des conclusions qui ont aussi leur valeur, lorsqu'il est question des maux qui nous affligent. Nous ne dirons pas que le mal produit le bien, mais nous constatons que d'une manière indirecte, il peut le déterminer. Arrêtons-nous à la pauvreté. Elle éloigne les occasions d'abus qui sont fatales à celui qui possède ; elle rend plus facile, si elle est courageusement acceptée, la lutte contre les passions et peut donner lieu à l'efflorescence des vertus douces qui s'appellent l'humilité, la résignation, le détachement. Les infirmités du corps ne sont pas moins salutaires pour le développement et la perfection de l'homme moral ; la mort même, prévue, acceptée comme moyen de satisfaction à la justice de Dieu, détermine des sentiments et des actes qui relèvent la dignité de l'homme. Si la science opère des désastres dans l'âme par l'orgueil et les folles prétentions qui en sont trop souvent les parasites, l'ignorance, nous entendons ici une ignorance circonscrite, humble, innocente dans ses causes, provoque le bien surtout en écartant les occasions du mal.

Il reste évident que l'homme trouve sur sa route, en arrivant à la vie, le double cortège de biens et de maux qui ne le quitteront pas un instant et l'accompagneront jusqu'à son dernier jour. Il peut sans doute, par sa force de volonté, faire servir les maux qu'il supporte vaillamment à l'acquisition de biens d'un ordre supérieur. Mais le mal n'en conserve pas moins sa nature et ses conséquences directes : il pèse péniblement sur chacun des hommes. Est-ce là une injustice du sort ? Devrait-il, pour les droits de l'homme et pour l'honneur de la Providence, en être autrement ?

IV. — Tout homme est coupable, dirons-nous avec les saintes Ecritures : par conséquent tout homme doit être puni.

La punition, le mal de la peine qui frappe l'humanité entière, est l'œuvre de Dieu. Elle atteint l'homme dans son corps et dans son âme, elle le voue à la mort et lui rend pénible son existence de la terre. Les causes secondes allègent ou aggravent la peine, mais ne la changent pas. Les causes secondes qui interviennent pour cette œuvre sont la nature matérielle, tous les êtres vivants, l'homme surtout dont l'action peut être secourable à un autre homme ou peser cruellement sur lui. La Providence qui impose la peine, provoque ou permet, mais toujours gouverne son allègement ou son aggravation par l'intervention des causes créées.

La peine du péché originel devait prendre l'homme tout entier et s'établir à sa mesure. Elle atteint son corps et son âme, s'étend à la durée de sa vie, et jamais elle ne se serait détachée de cette créature immortelle. Mais le Fils de Dieu s'est chargé de la responsabilité de la faute ; il s'est fait victime pour satisfaire à la justice de son Père. Dès lors, les voies de l'homme ont été changées : celui qui était condamné à une réprobation éternelle a pu de nouveau tourner son regard vers le ciel et reprendre la poursuite de son but de bonheur.

Après le sacrifice du Sauveur, la peine temporelle du péché pèse encore sur chacun des membres de l'humanité. La mort continue son œuvre et promène à travers les siècles son cortège de maux. Par une disposition bienveillante de la Providence, les peines du péché peuvent devenir, pour l'homme uni au Christ, un moyen de mérite. Le mal de la peine transforme alors ses conséquences et se change en auxiliaire de vertu. L'homme justifié devant Dieu par les mérites du Sauveur, trouve dans ses propres épreuves un moyen de rendre plus glorieuse sa marche vers le bien souverain. Il offre ses douleurs de la terre, souffrances et tortures du corps, angoisses, labeurs anxieux de l'âme, épreuves sociales de son existence, il offre sa mort elle-même, cette douleur finale, comme un sacrifice à la majesté souveraine de Dieu.

Ne vous étonnez pas que le chrétien, ami de Jésus, se complaise dans la douleur, qu'il marche courageusement à sa rencontre et qu'il la proclame un bien. La mort est pour moi un gain, dira saint Paul. Ou souffrir ou mourir, s'écriera sainte Thérèse dans une extase d'amour ; il lui semble que sa vie reste sans fonction, si elle ne peut pas la consacrer par la douleur. Souffrir pour Dieu, mourir pour Dieu : c'est le programme que remplissent, sous des formes diverses, tant de serviteurs du Maître qui ont appris le vrai sens de la souffrance à l'école de la croix. Les stigmates du péché deviennent ainsi des fleurs de vertu ; ils se changent en pierres de prix et brillent de vives couleurs ; ce sont les joyaux les plus précieux du chrétien.

C'est ainsi que l'homme régénéré par le Christ s'avance vers l'éternité. Il a compris que les biens de ce monde, malgré le respect qu'ils lui inspirent comme venant de Dieu, ne sont véritablement bons que lorsqu'on les emploie comme des moyens pour atteindre le bien suprême. Il aime la vie et l'intégrité de son corps ; il aime la science, l'autorité, l'indépendance ; mais il les aime en Dieu et il sait, par amour pour Dieu, en faire le sacrifice. Son aversion pour la douleur, son horreur de la mort, il se fera un devoir de les vaincre, lorsque la douleur et la mort se présenteront comme des moyens de sanctification. Ces biens qui passent, il les aurait en mépris, s'ils étaient pour son âme une occasion de péché. La parole du Maître dirige ses sentiments et sa conduite : Si ton œil te scandalise, arrache ton œil et jette-le loin de toi.

Une autre considération mérite de nous arrêter. L'homme, avons-nous dit, porte la peine du péché d'origine. Mais quel est l'homme dont la vie s'écoule dans une parfaite innocence ? Les péchés se multiplient pour chacun de nous. Telle est notre inconséquence que nous sommes désireux du bien et que nous accomplissons le mal.

L'homme subira pour ses péchés actuels la purification par la peine. Ne cherchons pas à nous créer des illusions sur ce point : la peine nous sera imposée par une volonté étrangère, car elle est toujours contre la volonté du condamné. Ce n'est pas lui qui en fait choix. Il ne lui appartient pas de tenir jugement pour ses propres fautes, de les apprécier et de déterminer le châtiment qui leur répond.

Dieu seul est juge de la faute et reste maître de la répression. Il punit quand il lui plaît ; il donne à la peine les formes qu'il lui convient de fixer. Le corps peut avoir dès lors à supporter des châtiments que l'âme seule a provoqués ; il arrive encore que l'âme est frappée dans ses forces vives pour des péchés dans lesquels le corps semblait avoir plus de part que l'esprit. Le vieillard n'a-t-il pas à rougir trop souvent pour les délits de sa jeunesse ? Lorsque les fautes présentent une forme sociale, la responsabilité comme la punition peuvent se transmettre d'une génération à l'autre ; les fils ont à porter la punition que les pères ont méritée.

Dans les secrets desseins de la Providence, la peine d'une faute ancienne, peut-être depuis longtemps oubliée, arrive bien des fois sur l'homme comme une grâce de préservation, alors que la tentation devient plus violente, que les passions mauvaises sont surexcitées et qu'on a besoin de sentir sur soi la main vengeresse de Dieu. C'est ainsi que s'exerce à notre égard, selon des formes qui peuvent nous paraître cruelles ou peu justifiées, l'action bienveillante de la divine providence.

Enfin l'épreuve, rien ne nous interdit cette supposition, l'épreuve pourra dépasser la peine qui répond au délit ; elle se montrera même dans l'enfant, alors que le délit n'est pas possible. Ames chrétiennes, n'en prenez pas occasion de vous plaindre ou de vous scandaliser. Restez assurées que les lois de la justice ne seront pas violées : la douleur de ce monde s'épanouira en mérites surnaturels et aura un jour sa récompense.

Que nous importe dès lors que le méchant trouve le bonheur en ce monde ? Accepterions-nous ses joies au prix des châtiments qui lui sont réservés ? La justice sera complète pour lui, comme elle l'est pour l'homme de bien.

V. — L'homme qui a voulu se séparer de Dieu pour placer ses complaisances dans les choses de ce monde, n'a pas été privé pour cela des avantages qui sont naturels à l'humanité. Il conserve les énergies de son corps ; les puissances de son âme restent intactes. Vous le verrez multiplier ses industries, exercer et enrichir son intelligence, donner libre cours à son imagination et faire acte de volonté. Autant qu'il est en lui, il prendra possession de la terre. Il sera savant, artiste, fécond en œuvres et en parole. Pourquoi pas ? Dans la lutte sociale, il pourra lui aussi se placer parmi ceux qui commandent, obtenir les applaudissements, entourer son front des auréoles ardemment convoitées que l'on appelle la renommée et la gloire. Ces biens sont communs à l'humanité, et Dieu ne les a pas réservés comme l'apanage de la vertu.

Voudriez-vous que, pour être méchant, il cessât d'être homme ou qu'il perdît les attributs de sa nature ? Une punition immédiate, loin de rétablir l'harmonie, jetterait la confusion dans l'œuvre de Dieu. Le cultivateur ne vá pas parcourant ses terres pour les délivrer des mauvaises herbes à mesure qu'elles apparaissent. Il craindrait de déraciner le froment lorsqu'il tenterait d'arracher la plante nuisible. Vous trouvez plus sage qu'il attende le temps de la moisson pour séparer le bon grain des produits inutiles.

D'ailleurs l'homme méchant est rarement tout à fait mauvais. Tel est pervers et malfaisant comme homme public, et possède peut-être dans son intérieur les qualités d'un bon père de famille. Un autre cède aux passions qui font l'homme immoral, et se montre, dans l'exercice de sa charge publique, juste et généreux. L'un est orgueilleux de sa science et libéral dans ses charités. Dieu qui se réserve de punir le vice dans un autre monde, récompense ces hommes en leur accordant les biens de la terre. Ils ont aimé la vanité : Dieu leur donne les satisfactions d'un jour.

Qu'on nous permette sur ce point une dernière considération. L'homme que vous appelez méchant et qui, certes, mérite cette qualification, est cependant une créature de Dieu, peut-être un enfant de l'Eglise ; le sang de Jésus-Christ a coulé pour sa rédemption. Il a succombé au mal et profané la grâce ; mais sa vie n'est pas arrivée encore à son terme ; tout n'est pas désespéré pour lui par rapport au salut. La Providence le poursuit de ses avertissements. Le repentir viendra peut-être, et Dieu pourra le recevoir au nombre des élus.

Il est vrai que la prospérité du méchant est rarement féconde en fruits de salut. Mais, quel est donc celui qui recueille seulement des biens et du bonheur dans l'existence de ce monde ? L'épreuve, sous des formes diverses, n'épargne personne. Elle vient par le corps que visite la maladie, par les angoisses inséparables des plus légitimes affections ; elle vient non moins terrible par les déceptions qui atteignent l'homme dans ses intérêts du moment et dans ses espérances, par les catastrophes politiques qui balayent dans un vent de tempête la fortune, les dignités, la gloire et la puissance.

Tous ceux qui sont frappés ne se hâtent pas sans doute de revenir à Dieu. Mais il en est qui reconnaissent leur égarement et cèdent à l'action vengeresse de la Providence. La prospérité leur a été funeste, et c'est le châtiment qui leur ouvre les voies du salut. Laissez donc le Sauveur s'éloigner dans le désert à la poursuite de la brebis égarée. Il la relèvera, pansera ses blessures et la prendra sur ses épaules pour la porter au bercail.

Nous sommes en droit d'affirmer que la Providence, dans la répartition des biens et des maux, se montre bienveillante pour le juste comme pour le méchant. Cela suffit pour la justification de l'œuvre de Dieu.

VI. — Les injustices de ce monde blessent, il est vrai, nos sentiments de naturelle équité. Nous voudrions voir le juste se relever enfin et triompher de ses oppresseurs ; sans contredire aux règles de la charité et par amour de la justice, nous éprouverions un soulagement d'âme s'il nous était donné de contempler la défaite du persécuteur. C'est un spectacle que Dieu se plaît à nous accorder bien souvent. Mais combien de fois ne nous est-il pas refusé ?

Nous pouvons invoquer cependant en faveur de la loi de justice les joies de la conscience qui soutiennent et consolent le juste, les remords torturants qui assaillent l'homme de mal et sont pour lui une première punition. Mais ces satisfactions ne sont pas suffisantes : elles ont des oublis et des contradictions.

Il faut monter plus haut si nous voulons arriver à la solution véritable du problème. Tout n'est pas dit lorsque l'argument se traîne encore dans les voies de la terre. L'action de la Providence s'étend sur l'homme tout entier, sur la partie fugitive de son existence qui est renfermée dans les jours de ce monde et sur la continuation de vie qui n'aura pas de fin après la mort. Nous n'avons pas le droit de scinder à notre gré l'œuvre de Dieu, de lui concéder le temps et de lui refuser l'éternité. L'objection invoque les injustices de la terre : elle met ainsi en évidence la perspective des maux qui prendront le méchant à la sortie de ce monde et se continueront à jamais. Si elle présente le juste opprimé, l'innocence et la vertu succombant sous le poids des malheurs, nous sommes portés par cela même à regarder plus haut pour voir se poser sur la tête de la victime la couronne de gloire immortelle. N'est-ce point assez pour la compensation et pour la justice ?

Nous pouvons conclure. Lorsque vous demandez que le sort des hommes de bien ne soit pas, en ce monde, de pire condition que celui des méchants, on peut vous répondre que l'expérience de la vie est en accord avec vos exigences. Ne vous laissez pas tromper par de fausses apparences, gardez-vous des calculs passionnés, sachez tenir compte des états de conscience : vous serez amenés sûrement à reconnaître que sur ce point la Providence vous donne satifaction. Non, il n'est pas plus avantageux, même pour le bonheur fragile de ce monde, de se placer parmi les méchants que de prendre rang avec les hommes de bien.

Mais, vos prétentions sans doute vont plus loin. Vous exigez, vous souhaitez au moins, que chacun, ici-bas, soit traité par Dieu selon ses œuvres. En cela vous sortez des voies de la sagesse : le monde n'est pas assez grand, il n'a pas une stabilité suffisante pour répondre aux besoins de satisfaction que réclament, chacun à sa manière, le vice et la vertu. Les abus de force brutale, la vertu opprimée, le mal qui triomphe, forment, il est vrai, dans le cours des siècles, un pénible spectacle. Les hommes à courtes vues en prennent occasion pour se scandaliser ; cette grande misère du monde est au contraire un précieux enseignement pour l'homme qui réfléchit.

La justice complète n'est pas pour les jours de cette vie. Si vous en demandez la raison, la philosophie et la religion vous répondent de même sorte. Elles vous montrent, l'une et l'autre, le tribunal du juge suprême. Dieu s'est réservé son jour de justice.

TABLE DES MATIÈRES

FIN DE LA TABLE

Saint-Amand (Cher). — Imprimerie BUSSIÈRE

www.ingramcontent.com/pod-product-compliance
Lightning Source LLC
Chambersburg PA
CBHW051126050726
47594CB00003B/972